Tiempo de cosecha
Harvest Time

Ted Schaefer
traducido por David Mallick

Rourke
Publishing LLC
Vero Beach, Florida 32964

www.rourkepublishing.com

PHOTO CREDITS: © Magnus Lindh: title page; © Bruce Livingston: pages 5, 21 (tomato); © Alex Blako: pages 7, 21 (cabbage); © Jean Scheijen: pages 9, 21 (pepper); © Matt Williams: pages 9, 21 (corn); © Jamie Wilson: page 5; © Danny Chan: pages 10, 21 (potato); © Harris Shiffman: pages 11, 21 (onion); © Jostein Hauge: pages 11, 21 (carrot); © Murat Baysan: pages 13, 21 (bean); © Anita Patterson: page 18; © Jim Jurica: page 19; © Michael Connors: page 22

Editor: Robert Stengard-Olliges

Cover design by Nicola Stratford.

Library of Congress Cataloging-in-Publication Data

Schaefer, Ted, 1948-
  Tiempo de Cosecha (Harvest time) / Ted Schaefer.
     p. cm. -- Mis Primeras Matematicas (My first math)
  Includes index.
  ISBN 1-60044-282-X
  1. Counting--Juvenile literature. 2. Harvesting--Graphic
  methods--Juvenile literature. I. Title.

Printed in the USA

CG/CG

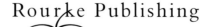

Rourke Publishing

www.rourkepublishing.com – sales@rourkepublishing.com
Post Office Box 3328, Vero Beach, FL 32964

11 08

Contenido
Table of Contents

Recoger los vegetales
Pick the Vegetables

¡Es la hora de la **cosecha**! Debemos recoger los **vegetales** de nuestra huerta.

It's **harvest** time! Time to pick the **vegetables** from our garden.

4

Hoy recogí cinco tomates rojos y una col verde.

Today, I picked five red tomatoes and one green cabbage.

Mi hermana recogió siete pimientos rojos y doce mazorcas de maíz amarillo.

My sister picked seven red peppers and twelve ears of yellow corn.

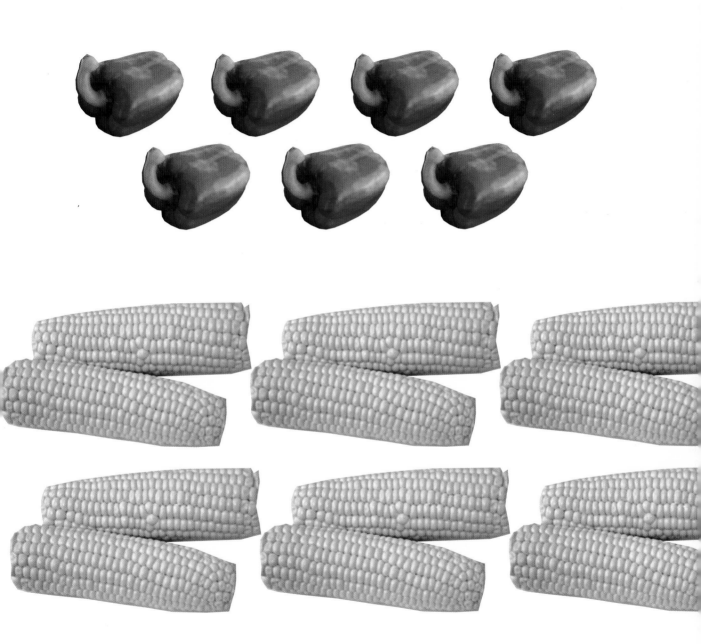

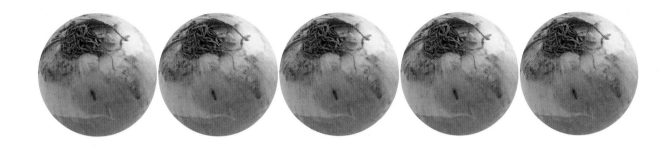

Mi papá recogió veinte papas blancas, cinco cebollas blancas y cinco zanahorias anaranjadas.

My dad dug up twenty white potatoes, five white onions, and five orange carrots.

Mi mamá recogió cuarenta y cinco judías verdes.

My mom picked forty-five green beans.

Entre todos cosechamos cien vegetales. ¿Quién recogió la mayor cantidad de vegetales?

Altogether we harvested one hundred vegetables. Who picked the most vegetables?

Yo/Me

5	Tomates/Tomatoes
+ 1	Col/Cabbage
6	

Hermana/Sister

7	Pimientos/Peppers
+12	Maíz/Corn
19	

Papá/Dad

20	Papas/Potatoes
5	Cebollas/Onions
+ 5	Zanahorias/Carrots
30	

Mamá/Mom

45	Judías verdes/ Green Beans

Gráfico circular / Pie Graph

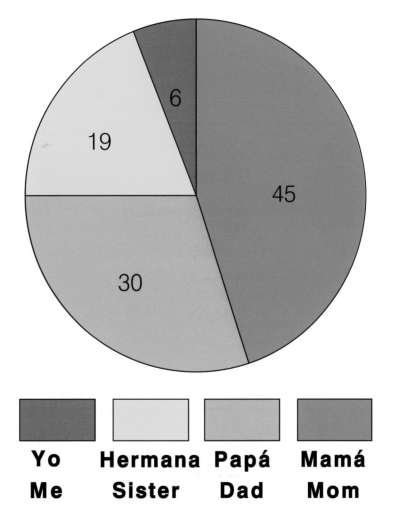

Yo	**Hermana**	**Papá**	**Mamá**
Me	**Sister**	**Dad**	**Mom**

Respuesta: Mamá recogió la mayor cantidad de vegetales.
Answer: Mom picked the most vegetables.

Cosechamos vegetales de muchos colores. ¿De cuál color recogimos en mayor cantidad?

We harvested many colors of vegetables. Which vegetable color did we harvest the most?

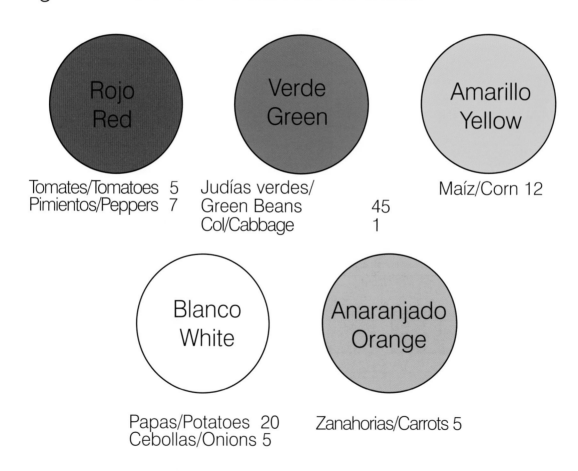

Rojo / Red
Tomates/Tomatoes 5
Pimientos/Peppers 7

Verde / Green
Judías verdes/
Green Beans 45
Col/Cabbage 1

Amarillo / Yellow
Maíz/Corn 12

Blanco / White
Papas/Potatoes 20
Cebollas/Onions 5

Anaranjado / Orange
Zanahorias/Carrots 5

Gráfica de barras / Bar Graph

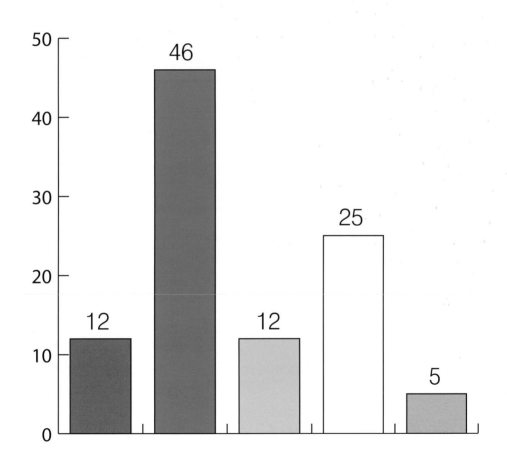

Respuesta: Cosechamos vegetales verdes en mayor cantidad.
Answer: We harvested more green vegetables.

Recogimos los vegetales sobre la **tierra**...

We picked vegetables above **ground**...

y sacamos vegetales de abajo de la tierra.

and dug vegetables from under the ground.

¿Cosechamos más vegetales que estaban sobre la tierra o debajo de la tierra?

Did we harvest more vegetables from above or under the ground?

Gráfico ilustrado / Picture Graph

Sobre la tierra
Above Ground

Debajo de la tierra
Under Ground

Respuesta: Cosechamos más vegetales sobre la tierra.
We harvested more vegetables above ground.

¿Dónde están los vegetales ahora? Los usamos para hacer sopa. ¡MMMM! ¡QUÉ RRRICO!

Where are all the vegetables now? We made soup with some of the vegetables.YUMMMM!

Glosario / Glossary

cosechar — recoger frutas o vegetales
harvest (HAR vist) — pick or gather crops

tierra — terreno dedicado al cultivo
ground (GROUND) — land devoted to crops

vegetales — cualquier parte de una planta que comemos que no sea fruta, nuez, hierba, especia o grano
vegetables (VEJ tuh buhl) — any part of a plant that people eat that is not a fruit, nut, herb, spice, or grain

Índice

Index

Lecturas adicionales / Further Reading

Amato, William. *Math in the Kitchen.* Children's Press, 2002.
Beers, Bonnie. *Everyone Uses Math.* Yellow Umbrella Books, 2002.
Long, Lynette. *Great Graphs and Sensational Statistics.*
  John Wiley, 2004.

Sitios web para visitar / Websites To Visit

www.usda.gov/nass/nasskids/nasskids.htm
www.kidsgardening.com/2006.kids.garden.news/feb/pg1.html
www.pbs.org/teachersource/prek2/theme/graphing.shtm

Sobre el autor / About The Author

Ted Schaefer es autor y carpintero. Cuando no investiga para escribir sus libros informativos para niños, construye muebles en su taller.

Ted Schaefer is both a writer and a woodworker. When he isn't researching and writing informational books for children, he is building furniture in his shop.